LA TEORÍA CRÍTICA DE LA RAZA

(TCR)

Una Doctrina de Demonios Que Ha Cautivado Las Mentes de Los Americanos

Este libro es la versión en español del *Critical Race Theory* escrito en ingles por el Pastor David L. Brown.

Autor:

David L. Brown, Ph.D.

Traducción por: Bob C Green, D.Min.

LA TEORÍA CRÍTICA DE LA RAZA

Agradezco a Dr. Bob C Green por haber traducido este libro al español. Dios le ha permitido escribir varios libros cristianos

Impreso en los Estados Unidos de América

ISBN 978-1-7371005-9-1

Todas las citas de las Escrituras son de la Biblia Reina Valera Gomez

Dirija todas las consultas a:
THE OLD PATHS PUBLICATIONS, Inc.
142 Gold Flume Way
Cleveland, Georgia, U.S.A. 30528

Web: www.theoldpathspublications.com
E-mail: TOP@theoldpathspublications.com

INDICE

Quisiera compartir con usted un pasaje bíblico antes de comenzar a tratar, lo que es llamado ***La Teoría Crítica de La Raza.***

1 Timoteo 4:1-2,

> *Pero el Espíritu dice expresamente que en los posteros tiempos algunos apostatarán de la fe,* ***escuchando a espíritus engañadores y a doctrinas de demonios;*** *que con hipocresía hablarán mentiras; teniendo cauterizada su conciencia…*

INTRODUCCIÓN

La agitación y los disturbios causados por el movimiento Black Lives Matter (Las Vidas de Los Negros Importan), han dominado el discurso público in Los Estados Unidos desde el momento de la muerte de un americano-africano, quien murió durante su detención por la policía en Minneapolis, MI. Ese evento fue muy trágico. La muerte del Señor Floyd es algo muy penoso. Sin embargo, me preocupa también la frase "black lives matter," ¡ya que todas las vidas, de todas las personas, sin tomar en cuenta su raza, son importantes! La muerte del

Señor Floyd sirvió de chispa para encender los fuegos de violentas manifestaciones, el balacear a agentes de policía y terrorismo en algunas ciudades en la USA por grupos como Black Lives Matter, Antifa, y otros grupos e individuos. En verdad hay varios grupos que promueven la violencia. Uno de los lideres de Black Lives Matter dijo que ellos destruirán con fuego el sistema (las ciudades) si no se les concede lo que ellos desean. Cuando la policía de Filadelfia disparó y mató a Walter Wallace, quien reusó soltar su cuchillo y avanzó hacia ellos el 26 de octubre, 2020, hubo personas que amotinaron en las calles gritando, "Cada ciudad, cada pueblo, pongan fuego a todos los distritos (áreas)." En seguida hubo violencia y saqueo que resultó en 30 agentes de policía heridos.

¿Cuál es la raíz de todo esto? Yo creo que el fundamento de todo esto es la filosofía o la ideología llamada, **La Teoría Crítica de la Raza.**

En los años "70" hubo un movimiento entre los eruditos en USA que fue algo muy oculto y guardado. Fue conocido como The Critcal Race Theory (CRT) o La Teoría Crítica de La Raza (TCR). Esta teoría se basaba en Critical Theory que fue un movimiento social, y de la filosofía política inspirado por los marxistas. Fue definido, primeramente, por Max Horkheimer de la Frankfurt Escuela de Sociología en 1937 en un trabajo intitulado, *Tradicional y Teoría Crítica, (Traditional and Critical Theory). Él dijo que la meta de toda teoría crítica es "crear un mundo que satisface las necesidades y poderes de los seres humanos, (véase Critical Theory 1972, página 246).*

INTRODUCCIÓN

Horkheimer aprendió de Carl Marx y Sigmund Freud, y desarrolló una filosofía para cambiar toda la sociedad con el objeto de cambiar la estructura social, que, según su filosofía, tenía a la gente dominada y oprimido. Esa filosofía puede llamarse una forma de emancipación marxista que promueve la eliminación del "capitalismo" por medio de la "revolución" y suplantarlo con el comunismo. Esta teoría crítica enseña que la "ciencia", como otras formas de "conocimiento, se ha usado como un instrumento de opresión, y advierte que no hay que tener una fe ciega en el progreso científico, y los discípulos de la ideología argumenten que el conocimiento científico no debe buscarse como un fin en sí, sino solo como una meta para la emancipación (liberación) de los seres humanos. La Teoría Crítica dio nacimiento a La Teoría Crítica de La Raza que es como una plaga que ha infectado a casi todo aspecto de la sociedad; la educación en cada nivel, (Kínder, Primaria, Secundaria y La Universitaria), el gobierno, la religión, los medios de comunicación, en el lugar de trabajo, y otros.

LA DEFINICIÓN DE LA TEORÍA CRÍTICA DE LA RAZA (TCR)

"**TCR** es la opinión que la ley y las instituciones de la ley son, inherentemente racistas y que la "raza", en vez de ser algo biológicamente natural, es un concepto construido socialmente y usado por la gente blanca para avanzar sus intereses económicos y políticos; pagando el costo la gente de "colour. (https://www.britannica.com/topic/critical-race-theory)

Según la ideología TCR "Cada individuo, o es oprimido o es un opresor, dependiendo de su raza, clase, género, preferencia sexual, y otro número de categorías. Los grupos oprimidos son subyugados, no por la fuerza física, ni por discriminación obvia, sino por medio de el ejercicio de poder hegemónico (poder sobre otros) - la habilidad de los grupos dominantes de imponer su normas, valores y esperanzas a la sociedad como un "todo", relegando los otros grupos a posiciones inferiores o subordinados."

(www.thegospelcoaltion.org/article/incompatibility-critical-theory-christianity)

LA ENSEÑANZA DE TCR

LA PRIMERA LECCIÓN

- **El racismo está presente en cada aspecto de la vida, en cada relación, y en la interacción; por lo tanto, los partidarios de TCR lo buscan en todo lugar.**

Lo que hay que entender es que los partidarios o discípulos de TCR usan "palabras y definiciones no normales", y aceptadas, para apoyar y promover su teoría falsa o fraudulenta. Algo que hacen es dar una definición a la palabra "racismo" que sirve sus propósitos. **La definición que ellos dan a la palabra "racismo", y lo que ellos dan a entender al usar la palabra no es lo que la mayoría de las personas entienden al usar la palabra**. Cuando usan la palabra "racismo" no es "tener prejuicio basado en la raza de una persona, o creer que algunas personas, por su raza, son inferiores y otros superiores."

Es in verdad, el "sistema" de todo lo que ocurre en el mundo social y mas allá, que resulta en cualquiera disparidad que beneficia los grupos "privilegiados racialmente" (como promedio) o cualquier individuo que reclama que ellos experimenten (sufren) opresión racial.

Lo que los discípulos (partidarios) de TCR dicen es que **¡el problema básico de la humanidad es el racismo!** Ellos buscan el racismo en todo lugar, y USTED debe buscarlo también, **o** usted es un racista. Usted tiene que buscar y hallar, y enfocar su atención en el racismo "oculto" donde usted trabaja, en su escuela, en su sociedad, en su vecindad, en sus libros, su comida, su música, sus pasatiempos, su fe religiosa, su iglesia, su comunidad, sus amigos, sus familiares y asociados, y en si mismo (y en todo lo demás) todo el tiempo.

La respuesta que dan al problema es "woke" [woke=es estar alerta a la injusticia en la sociedad, especialmente el racismo] que es la idea que los blancos uniéndose a la gente de color para la destrucción del presente sistema y reestablecerlo con una estructura nueva, controlado y gobernado por la gente de color.

Bíblicamente, se pueden identificar varios problemas MAYORES al estudiar la teoría TCR a la luz de la Escritura. **Primero,** hay que recordar que es una **teoría.** Permíteme definir la palabra **teoría** para usted. Una **teoría** es una suposición (hipótesis) o un sistema de ideas presentado con la intención de explicar algo. El diccionario *Merriam-Webster* en el internet, dice que una **teoría** es "un principio general o grupo de principios, plausibles y aceptados científicamente que son presentado para explicar un fenómeno. Una **teoría** es una *suposición no confirmada*. Sinónimas de la palabra son, **especulación** y **conjeturas.**"

Pablo advirtió en **1 Timoteo 6:20,**

> *Oh Timoteo, guarda lo que se ha encomendado, evitando las profanas y vanas discusiones, y los argumentos de la falsamente llamada ciencia…*

PUNTO NÚMERO UNO

TCR es una teoría. Es una **conjetura.** Es una **especulación.** **No** es un hecho científico. **No** se ha comprobado. TCR se basa en una suposición falsa e imperfecta. Los discípulos de esta teoría la presentan como una verdad. Una cantidad grande de tiempo y dinero se gasta por el gobierno, las escuelas, y las empresas con el objeto de indoctrinar y convencer (lavar el cerebro) a la gente. Su propósito es convencer a la gente que su TEORÍA es VERDAD **cuando no es verdad.**

PUNTO NÚMERO DOS

Ahora presento el **segundo punto.** Los "partidarios" o discípulos de esta teoría de persecución pronuncian declaraciones (todo-inclusivas) diciendo que "**todo el mundo**" es racista y que el racismo está en "**todas partes**". Siempre es peligroso decir "todo el mundo" hace tal o dice tal, o que nadie cree eso o aquello. La Biblia advierte que debemos juzgarnos a nosotros antes de juzgar a otros **(Mateo 7:1-5).** Ya que ellos dicen que todo el mundo es "racista" y que el "racismo" está en todas partes; eso significa que ellos son "racistas" e involucrados en actividades de "racismo". En un sentido muy verdadero e indudable, son racistas. Es el racismo en reverso (al revés). Por lo tanto, SON CULPABLES, y sin excusa.

La Biblia dice en **Romanos 2:1,**

> *Por lo cual eres inexcusable, oh hombre, quienquiera que seas tu que juzgas; porque en lo juzgas a otro, te condenas a ti mismo; porque tú que juzgas haces lo mismo.*

PUNTO NÚMERO TRES

El punto número **tres** es así. **Ellos falsamente enseñan que el problema básico de los seres humanos es el racismo, pero ¡SE EQUIVOCAN! El problema fundamental y principal de la humanidad es el ¡PECADO!**

Romanos 3:23-24 dice,

> *...por cuanto todos pecaron, y están destituidos de la gloria de Dios; siendo justificados gratuitamente por su gracia mediante la redención que es en Cristo Jesús...*

Romanos 6:23 dice,

> *Porque la paga del pecado es muerte; mas el don de Dios es vida eterna en Cristo Jesús Señor nuestro.*

Rechazo la Teoría Crítica de La Raza (TCR) porque se ha desarrollado por los hombres; se basa en la sabiduría del mundo, se basa en la decepción, e ignora y deja fuera la verdad del Señor Jesucristo. Pablo nos advierte en, **Colosenses 2:8,**

> *Mirad que nadie os engañe por medio de filosofías, y vanas sutilezas, según las tradiciones de los hombres, conforme a los rudimentos del mundo, y no según Cristo.*

LA SEGUNDA LECCIÓN DE TCR

- **Interés convergente o material determinante: Los blancos privilegiados – La gente blanca solo da oportunidades y libertades cuando es para beneficio o es ventaja para los blancos.**

"Los blancos privilegiados" refiere al hecho que los blancos tienen una miríada de ventajas sociales, beneficios, y cortesías que les pertenecen porque son miembros de la raza dominante.

El Interés-Convergente Teoría o Tesis, hace casi imposible para los que tienen privilegio de raza, que hagan algo correcto, porque lo correcto que logran es motivado por "interés personal." Cuando TCR exige algo de la gente que posee alguna forma de privilegio racial y ellos responden positivamente, ellos solo contribuyen a mas complicidad en cuanto a "racismo". Por lo menos así lo ven los partidarios de TCR. Por no proveer medio de escape, o manera de evitar complicar las cosas, los de TCR se vuelven muy manipulador, y nadie puede satisfacer las demandas que ellos hacen. Se esfuerzan por intimidar a los blancos para que se sienten culpables y avergonzados por ser

"blancos," y que piden disculpas a la gente de color. Ahora tenemos la frase, "**culpa blanca.**"

¡Muchas estrellas blancas de Hollywood han capitulado! Rosanne Arquette envió mensaje en el internet,

"Me siento tan mal que nací blanca y privilegiada. Me disgusta. Y me siento muy avergonzada."

¡Esta es una locura! Yo creo que es algo de demonios **(Santiago 3:15).** Ni usted, ni yo, ni otra persona tuvo la oportunidad de "escoger" nuestro color. No tuvimos que ver con nuestro nacimiento, ni donde íbamos a nacer. La Biblia en **Hechos 17:26** nos dice que Dios dice, *Y de una sangre ha hecho todo el linaje de los hombres, para que habiten sobre la faz de la tierra...* No importa nuestro color; todos fuimos hechos a la imagen de Dios (**Génesis 1:27**) y Dios no hace acepción de personas (**Hechos 10:34; Romanos 2:11**). Rechazo la idea de tener "culpa blanca" porque Dios me hizo blanco. Al contrario, alabo al Señor por haberme hecho como me hizo, y esto es correcto, de acuerdo con lo que dice la Biblia. El **Salmo 139:14** dice,

> *Te alabaré; porque formidable y maravillosamente me formaste: Estoy maravillado, y mi alma lo sabe muy bien.*

Vale repetir: No importa nuestro color, ***todos*** somos hechos a la imagen de Dios (**Génesis 1:27**) y Dios no hace aceptación de personas

(Hechos 10:34; Romanos 2:11). Alaben le a Dios.

A propósito, déjenme revelar un secreto. Solo 13.4% de la población de los EE. UU es de color negro. De acuerdo con lo que dicen los autores (Richard Delgado y Jean Stefancic) de TCR in su tesis Critical Race Theory: Una Introducción, Tercera edición; las paginas 133-134,

"el número de blancos pobres excede grandemente el número de personas de color o de grupos de % mínimo."

A pesar de eso, los de TCR quieren mantener eso oculto y el enfoque en la minoridad de la gente de color. ¿Cuán hipócrita es eso? ¡Ellos **quieren** que los de color (negros) sigan creyendo que son víctimas! Ellos, aparentemente, **no quieren** que los negros crean lo que dijo Martin Luther King, Jr. cuando él dijo, "Tengo un sueño que... un día [nosotros} viviremos en una nación donde uno no será juzgado según el color de su piel, sino por **su carácter**" (August 28,1963, Dr. Martin Luther King, Jr.).

La Palabra de Dios nos dice que nuestro "pensar" afecta nuestra "conducta."

Proverbios 23:7,

> *Porque como piensa en su corazón, así es él.*

Ciertamente eso es verdad. Hay muchos en la comunidad negra que creen, **"¡el gobierno nos debe!** Son como los hombres de Judá que dijeron in **Jeremías 18:12,**

> *Y dijeron: Es por demás; porque en pos de nuestras imaginaciones hemos de ir, y cada uno de nosotros ha de hacer el pensamiento de su malvado corazón.*

Fui animado cuando leí lo que escribió la autora negra, Carol Swaim. Ella es una profesora jubilada de la ciencia política y de la ley de Vanderbuilt University. Ella escribió en su libro, Race and Covenant (Raza y Convenio),

Fui convencido que nací en una tierra de oportunidad. A pesar de haber nacido negra y pobre, yo aprendí que es la actitud en cuanto a la vida que tiene más importancia que la raza o la clase (nivel) social, que indica lo que uno ha de lograr.

Si la Profesora Swaim hubiera puesto su confianza en TCR (Critical Race Theory), es posible que ella se hubiera rendido y no hubiera logrado los éxitos que logró. Es posible que TCR la hubiera persuadido que el sistema americano solo pondría obstáculos e iría en contra de ella como una mujer de color, y que no había porque persistir en su búsqueda del éxito.

Además, ella continuó diciendo que la TCR solo "creará enojo, frustración, y desanimo" en los jóvenes negros, los mismos a quienes supuestamente pretende TCR ayudar. Ella pregunta,

"¿Debemos seguir contándoles que ellos no pueden prosperar por razón de la esclavitud de siglos pasados, y porque hay privilegio blanco hoy día? ¿Verdaderamente les ayuda la ideología de TCR? ¿Es verdad la TCR? Yo no creo. Hay muchos negros como yo que han salido de condiciones y circunstancias muy difíciles, y que han superado las circunstancias de su nacimiento."

TCR escritores Richard Delgado y Jean Stefancic dicen claramente que una de sus metas claves es:

"aceptar medidas que producen una "conciencia del racismo" en los lugares de trabajo y educación, y **reparaciones deben pagarse por el gobierno a los indios y a los negros.** (Critical Race Theory: An Introduction, 3rd edition; page 158).

¡Esta idea es una filosofía completamente antibíblica! ¡Dios bendice el trabajo y la diligencia del individuo! Leemos en **Proverbios 10:4,**

La mano negligente hace pobre: Mas la mano de los diligentes enriquece.

Véase también, **Proverbios 12:24; 13:4.**

¡El gobierno **no** debe reparaciones a nadie! La Biblia dice en **2 Tesalonicenses 3:10,**

> *Porque aun cuando estábamos con vosotros, os mandábamos esto: Si alguno no quiere trabajar, tampoco coma.*

LA TERCERA LECCIÓN DE TCR

- **Critical Race Theory (Teoría Crítica de La Raza) TCR resiste las sociedades libres.**

Los discípulos (partidarios) de TCR ven las sociedades libres y la ideología (principios) que las permiten funcionar, (el individualismo, la libertad, la paz,) como una (tácito [*implícito*]) teoría de conspiración en que todos participamos para impedir que las minorías (hablando de números de población) progresan. Cuando los partidarios acusan a la gente de "complicidad en el sistema de racismo", lo dicho (participamos para impedir que suban los no-blancos) es en parte, lo que significan. La idea de autonomía individual, que la gente tiene libertad tomar independientemente decisiones racionales; para los de TCR, eso es anatema para ellos. Su meta es eliminar la sociedad libre y **substituir en su lugar** una sociedad establecida según su manera de pensar y obligarnos a todos someternos a sus ideas (socialismo/comunismo). Ellos odian el individualismo. Tratar a cada persona como un individuo quien es "igual" ante Dios, e igual ante la ley, y quien debe juzgarse basándose en su carácter y los méritos de su diligencia en el trabajo, es considerado, por ellos, una táctica para impedir a las minorías raciales que progresan. ¡TCR promueve "justicia para el grupo" aunque pierda el individuo su individualismo!

Lynn Lemisko escribió en la página 193 de Educator to Educator (Maestro a Maestro), otro manual

y llegar a conclusiones por el razonamiento [la lógica]). Según ellos (TCR) el contar historias (anécdotas) de sus experiencias es más apropiado para los grupos de menor número y de la raza de color. ¡Esta enseñanza es también racista!

¡Mientras contar historias de las experiencias de ciertas personas, supuestamente perseguidas (oprimidas), puede proveer información importante, la eliminación de la racionalidad, la ciencia, y la matemática solo serviría para paralizar a la gente a quienes los de TCR dicen querer ayudar! Así como escribió James Lindsay,

"Esta enseñanza de TCR sirve para debilitar su capacidad de pensar críticamente, enseñándoles ver al mundo como, nosotros-contra-ellos, de tal manera que eso les subyuga, y los asocia con estereotipos dañinos y negativos, y que esos son métodos rigorosos que la gente blanca usa, pero no los negros."

CONCLUSIÓN

¡La **Teoría Crítica de La Raza (TCR)** es una doctrina del diablo! Nuestro Señor dijo, *Bienaventurados los pacificadores...* **(Mateo 5:9).** Los partidarios de TCR **NO** son pacificadores, sino alborotadores. Nuestra nación se fundó basándose en los principios del Antiguo Testamento y del Nuevo Testamento de la Biblia. Pero, a la vez que las personas dieron las espaldas o rechazaron la verdad bíblica, las filosofías mundanas, sensuales, y demoniacas tomaron su lugar. Pablo dio advertencia en cuanto a eso.

Él dijo en **2 Timoteo 3:13**,

> *Mas los malos hombres y los engañadores irán de mal en peor, engañando y siendo engañados.*

Él también dijo en **2 Timoteo 4:3-4,**

> *Porque vendrá tiempo cuando no sufrirán la sana doctrina; antes, teniendo comezón de oír, se amontonarán maestros conforme a sus propias concupiscencias, y apartarán de la verdad sus oídos y se volverán a las fábulas.*

Estamos viviendo en los tiempos de los cuales advirtió y profetizó Pablo. Los discípulos y partidarios de la TCR están enseñando "fábulas" para avanzar su ideología concupiscente y ellos serán juzgados por Dios. El **Salmo 11:5-6 dice,**

Jehová prueba al justo; pero al malo y al que ama la violencia, su alma aborrece. Sobre los malos lloverá lazos; fuego, azufre, y terrible

tempestad; ésta será la porción del cáliz de ellos.

No sea engañado. No permita que sus mentiras y engaño logren que usted crea y acepte la doctrina demoniaca de la Teoría Crítica de La Raza.

RECURSOS

Critical Race Theory: An Introduction, 3rd edition

Juicy Ecumenism: The Institute on Religion and Democracy Blog; Gerald McDermott; February 11, 2020

New Discourses; James Lindsay; June 12, 2020

Is Critical Race Theory Compatible with Christian Faith? By Gerald McDermott; February 11, 2020

Race and Covenant, Acton Books, 2020

Critical Race Theory – What Is It - (www.patheos.com/blogs/northamptonseminar/2020/02/05/critical-race-theory-i-what-is-it)

Wokeism at Work: How "Critical Theory" and Anti-Racism Training Divide America; July 27, 2020 -- (www.youtube.com/watch?v=D6mwDvEqpI0&feature=emb_rel_pause)

www.discovery.org/econ/2020/09/17/the-epoch-times-jan-jekielek-interviews-christopher-rufo-on-critical-race-theory/

¿DONDE APASARÁ USTED LA ETERNIDAD?

Pues, usted pregunta "¿Cómo puedo saber?" Gracias a Dios, de acuerdo con lo que dice la Biblia, usted puede *saber* donde va a pasar la eternidad, y puede escoger.

Ahora, todos creemos – o por lo menos la mayoría profesan creer – que la Biblia es la Palabra de Dios. Creemos en la eternidad y sabemos que la vida en este mundo es muy provisional y corta. En **Santiago 4:14** la Biblia hace la pregunta, *Porque, ¿Qué es vuestra vida? Ciertamente es un vapor que aparece por un poco de tiempo, y luego se desvanece.*

Muchas personas profesen creer en el cielo y en el infierno, sin embargo, desafortunadamente, ellos muestran poca preocupación por su destino eterno. Nos preocupamos mucho más por esta vida presente que por la vida que viene, a pesar de entender que la vida venidera es eterna y que no tendrá fin. La Palabra de Dios describe la vida eterna con las palabras, *por siempre jamás.* **(Apocalipsis 22:5)**

Piense... pasar una eternidad para siempre jamás, o en un paraíso perfecto llamado el cielo, o en el lugar de tormentos horribles llamado el infierno.

Seguramente, concordamos que conviene prepararnos para la eternidad ahora, antes de que sea demasiado tarde. Dios dice, *Y de la manera que está establecido a los hombres que mueran una sola vez, y después de esto el juicio;* (**Hebreos 9:27).**

Usted dice, "Pues, yo creo en Dios, asisto a la iglesia, vivo la vida lo mejor que pueda. ¿Qué más debo hacer?"

Creer en Dios, asistir a la iglesia, y hacer lo mejor que un o pueda son cosas admirables, sin embargo, según lo que dice la Palabra de dios, la Biblia, estas cosas no pueden darnos entrada o seguridad del cielo. De acuerdo con lo que Dios, ni ser miembro de una iglesia, o ser bautizado, o confirmado, ni nuestras obras buenas nos salvan y dan derecho a entrar en el cielo y tener vida eterna (Efesios 2:8-10).

Sin embargo, Dios ha provisto la respuesta al asunto de la vida y la muerte, el cielo y el infierno. La respuesta es tan sencilla que frecuentemente, la gente no la descubra.

Un líder religioso de nombre Nicodemo, se acercó a Jesús una noche para solicitar su ayuda. Jesús le dijo, "Es necesario nacer de nuevo," y dijo además que "todos necesitamos nacer de nuevo. Cristo dijo enfáticamente, "Él que no naciere otra vez, no puede ver el reino de Dios." **(Juan 3:3). Palabras duras, pero son Palabras de Cristo.**

Hoy día, algunos como Nicodemo preguntarán, "¿Cómo puede un hombre nacer siendo viejo? ¿Puede entrar por segunda vez en el vientre de su madre y nacer? **(Juan 3:4)**. Pero Jesús responde, "Lo que es nacido de la carne, carne es, y lo que es nacido del Espíritu, espíritu es." **(Juan 3:6)** El Señor dice otra vez que uno debe experimentar el nuevo nacimiento, que es espiritual, para entrar en el cielo - "Os es necesario nacer otra vez." **(Juan 3:7).**

Ahora, ¿Ha nacido de nuevo? ¿Ha usted experimentado este nuevo nacimiento espiritual? Esta es la única cosa, conforme a la Biblia, que *determina* su destino eterno.

Entonces, para los que realmente desean saber como "nacer de nuevo", aquí, damos la respuesta de la Palabra de Dios.

Debemos **reconocer que somos pecadores,** y que hemos violado las leyes de Dios. La Biblia dice, *Por cuanto todos pecaron, y están destituidos de la gloria de Dios...* **(Romanos 3:23, 10).** No hay hombre justo en la tierra que solo hace lo bueno, y que nunca ha pecado.

Si decimos que no tenemos pecado, nos engañamos a nosotros mismos, y la verdad no está en nosotros. **(1 Juan 1:8, 10).** Véase también Eclesiastés 7:20.

Tenemos que reconocer nuestro pecado y **arrepentirnos de nuestros pecados.** La Biblia dice que Dios, *ahora demanda a todos los hombres en todo lugar, que se arrepientan...* **Hechos 17:30). Jesús dijo,** *...antes si no os arrepentís, todos pereceréis igualmente.* **(Lucas 13:3).** No debe ser difícil arrepentirnos cuando reflexionamos sobre lo nuestro pecado ha costado a Dios. Fue por razón de nuestros pecados que Dios, el Creador y Rey del universo, dejo su hogar en el cielo y vino a este mundo en la Persona del Señor Jesucristo para sufrir, derramar su sangre, y morir - para que podamos ser perdonados. *En esto conocemos el amor de Dios, en que Él* puso su vida por nosotros...

(**1 Juan 3:16**). Entonces Jesús resucitó de los muertos, confirmando Su victoria sobre el pecado y la muerte.

Debemos **recibir a Cristo como nuestro Salvador personal, en nuestros corazones y vidas.** Leemos en el primer capítulo del Evangelio de Juan que Juan, hablando de Jesús dijo, *En el mundo estaba, y el mundo por Él fue hecho; pero el mundo no le conoció. A lo suyo vino, y los suyos no le recibieron. Mas a todos los que le recibieron, a los que creen en su nombre, les dio potestad de ser hechos hijos de Dios.* (**Juan 1:10-12).** En el momento que abrimos nuestro corazón al Señor Jesucristo, y ponemos nuestra fe completa en Él - y solo Él – como Salvador, Dios perdona nuestros pecados, salva nuestra alma, y reserva para nosotros un hogar en el cielo. Entonces, basándonos en la autoridad de la Palabra de Dios, **podemos saber donde pasaremos la eternidad.** Dios dice, *Estas cosas os he escrito a vosotros que creéis en el nombre del Hijo de Dios, para que* ***sepáis que tenéis vida eterna.*** (**1 Juan 5:13).** Y Jesús promete, *De cierto, de cierto os digo: Él que oye mi palabra, y cree* al que me envió, ***tiene vida eterna;*** *y no vendrá a condenación, mas ha pasado de muerte a vida.* (**Juan 5:24**).

Ahora, ¿está dispuesto resolver la cuestión de su destino eterno? ¿Está dispuesto creer el testimonio de Dios y de Jesús, y abrir su corazón y recibirle a Él como su Salvador único y suficiente? ¿Lo hará ahora mismo? Lo puede hacer ahora en este momento. Yo sinceramente espero que lo haga ya. Dios le ama, y envió a Su Hijo Jesucristo tomar su lugar en la cruz, pagar por su pecado, y quiere salvarle ahora.

(Esta información bíblica se ha usado con el permiso de The American Tract Society, Garland, Texas)

Esta información puede recibirse de –

Dr. David L. Brown
P.O. Box 173
Oak Creek, WI 53154
PastorDavidLBrown@gmail.com

EN CUANTO AL AUTOR

David L. Brown nació en Michigan. Él conoció a Cristo como Salvador cuando un maestro de la Escuela Dominical tiró, en la basura, un material de estudio liberal, y comenzó a enseñar el libro de Romanos. El maestro presentó el Evangelio en la clase. Él se casó con su esposa Linda hace 49 años. Ella fue una joven en la iglesia donde él era miembro.

David estudió en Michigan University y luego comenzó a estudiar en el Seminario donde él completó los requisitos para recibir La Licenciatura en La Ciencia y Teología. También sacó una Maestría en Teología, y un Doctorado (Ph.D) en Historia con la especialidad en la Historia de la Biblia en Ingles. Desde diciembre, 1979 él ha sido Pastor de La Primera Iglesia Bautista de Oak Creek, Wisconsin. Esta iglesia es una iglesia independiente, fundamental, bautista que usa la Biblia King James y tiene música conservadora. Antes de eso él sirvió como pastor de otra iglesia bautista independiente en Michigan durante cinco años. Él fue pastor asistente durante 4 años y, junto con su esposa sirvió una jornada como misionero en Haiti.

Dr. Brown es el presidente de la institución lamada King James Bible Research Council: www.kjbresearchcouncil.com,

una organización dedicada a la promoción de la Biblia King James y los textos que sirven de fundamento, y otras traducciones de textos tradicionales en el mundo, en una manera razonable y fiel.

Él, también es el presidente de Logos Communication Consortium, Inc.

(www.logosresourcepages.org)

Una organización para acumular y producir una variedad de materiales para advertir a los cristianos de los peligros actuales en nuestra cultura. También, él es el vice-presidente de Midwest Independent Baptist Pastor's Fellowship, un compañerismo de pastores bautistas, independientes, misioneros, y evangelistas de catorce de los estados del Midwest.

Dr. Brown sirve de "Conservador" de Christian Heritage Bible Collection y regularmente lleva su colección de Biblias antiguas, manuscrItos y artefactos a iglesias bautistas, fundamentales, para enseñar y predicar sobre la historia de nuestra Biblia en inglés, y demostrar como Dios ha preservado Su Palabra/s, y porque debemos usar la Biblia King James.

Él, también sirve de consejero para individuos, museos, colegios, universidades, y seminarios que desean obtener colecciones de manuscritos bíblicos y Biblias. Él es un experto en cuanto a libros antiguos y tiene contactos claves alrededor del mundo.

ALGUNAS DE SUS OTRAS PUBLICACIONES INCLUYEN

1. *The Indestructible Book,* a 500 page, hardback with a cover
2. *The Indestructible Book,* a 500 page, perfect bound book
3. *God's Blueprint For Marriage & Family*, a perfect bound book, 108 pages
4. *The Defined Geneva Bible, New Testament, With Modern Spelling*, Editor, hardback, 344 pages
5. *The Geneva Bible, Old Testament, With Modern Spelling,* Editor, hardback, 970 pages.
6. *The Dark Side of Halloween*
7. *The 1576 Tyndale New Testament and Biography*, Hardback, 540 pages, Editor
8. Editor - *The Bible Source Book*
9. *Gaslighted, You Are Being Gaslighted,* a Booklet, 32 pages, concerning the lies and propaganda perpetrated on America.

Puede ponerse en contacto con él en:

Dr. David L. Brown
8044 S. Verdev Dr.
Oak Creek, WI. 53154
Phone: 414-768-9754
Email: PastorDavidLBrown@gmail.com

www.ingramcontent.com/pod-product-compliance
Lightning Source LLC
LaVergne TN
LVHW012329100826
845148LV00017B/675